D1752704

Titel der Originalausgabe
"En el país de los esquimales"
Aus dem Englischen übertragen von
Christa L. Cordes

1. Auflage 1987
Alle Rechte der deutschsprachigen Ausgabe bei
Edition Michael Fischer, Stuttgart
© 1987 by José M. Parramón Vilasaló, Barcelona
Herstellung und Satz:
Verlagsservice Henninger GmbH, Würzburg
ISBN 3-926651-10-5
Legal Deposit B-22.328-87

Printed in Spain by Cayfosa
Santa Perpètua de Mogoda
Barcelona

Bei den Eskimos

Jesús Ballaz · Horacio Elena

EDITION
MICHAEL FISCHER

Kunuk

Kunuk ist ein Eskimo. Vor sechzehn Sommern wurde er in Qeqertat geboren. Er hat noch eine jüngere Schwester, Awa. Die beiden leben mit ihren Eltern und Großeltern in einem Iglu.

Kunuks Großvater ist ein ausgezeichneter Jäger gewesen, und er kann gut Geschichten erzählen. Die Kinder bewundern ihn deshalb sehr. Er hat seinem Sohn, Kunuks und Awas Vater, viel beigebracht. Inzwischen lernt sein Enkel Kunuk schon fleißig, denn er träumt davon, bald auf Narwaljagd zur See zu fahren.

Das ganze Land ist mit Eis bedeckt, und nachts heulen die Wölfe. Das ist nicht gerade angenehm. Deshalb leben die Eskimofamilien sehr eng zusammen.

Wenn es wärmer wird, bricht das Eis auf, und die Eskimos fahren hinaus aufs Meer wie seit Urzeiten alle Generationen vor ihnen.

3

Qeqertat, ein Inuitdorf

Qeqertat ist ein Inuitdorf. In der Eskimosprache bedeutet *Inuit* „Leute", „Menschen". Früher glaubten die Bewohner dieser eisigen Gegend, daß es außer ihnen keine weiteren Menschen auf der Erde gäbe. Sie kannten in ihrer unmittelbaren Umgebung nur Wölfe, Hunde, Bären, Seehunde, Narwale usw.

Noch kamen keine Weißen mit Schiffen an ihre Küsten, um Seehunde zu töten oder Wale zu jagen.

Qeqertat liegt an der Südküste von Grönland, in der Gegend des ewigen Eises. Einen großen Teil des Jahres herrscht dort völlige Nacht, denn die Sonne steigt im Winter nicht hoch genug, und ihre Strahlen reichen nicht über den Horizont. Scheint sie während des kurzen Sommers dann doch, bleibt sie gleich vierundzwanzig Stunden am Himmel.

In der Kälte und dem spärlichen Licht haben sich ganz andere Sitten und Gebräuche ausgebildet als beim weißen Mann.

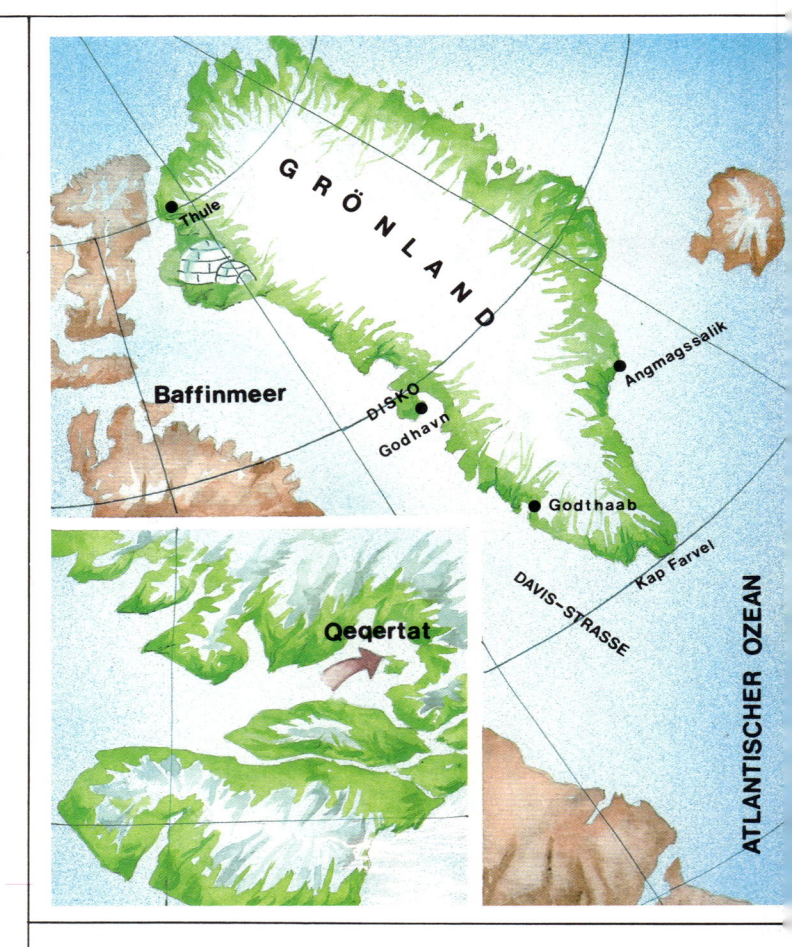

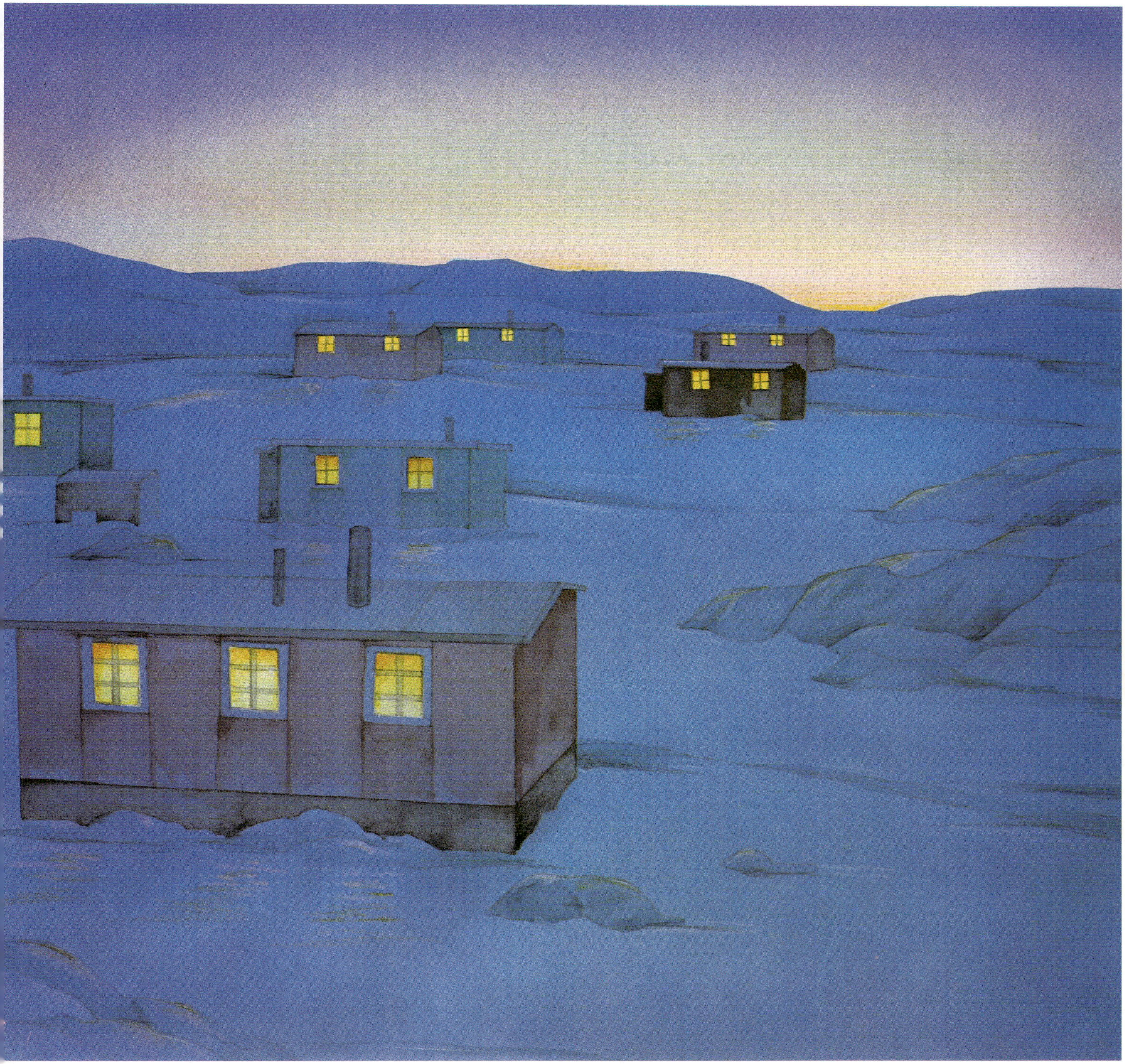

Wegen der großen Kälte kleiden sich die Inuit mit Fellen und essen reichlich Fett und Tran. Im Sommer jagen sie soviel wie möglich, um Vorräte für den Winter anzulegen.

Eines Tages tauchten die Weißen an den Küsten auf und benahmen sich dort wie die Herren des Landes. Sie wüteten wie die Barbaren, töteten rücksichtslos alle Tiere und bezeichneten die Inuit als Wilde. Spaßeshalber nannten sie sie auch „Eskimos", denn das heißt „Esser von rohem Fleisch".

„Weshalb sollten wir das Seehundfleisch und den Fisch nicht roh essen?" fragt Kunuk den Großvater. „Außerdem können wir viel besser mit dem Schlitten umgehen als sie, und unsere Haut ist nicht so bleich wie der Schnee oder das Fell des Eisbären."

Kunuk ist stolz darauf, ein Eskimo zu sein. Und er wird noch stolzer sein, wenn er endlich mit den Harpunierern auf Waljagd gehen darf.

7

Das Dorf im Sommer

Der Sommer in Qeqertat ist wunderschön. Selbst abends sinkt die Sonne nicht unter den Horizont, und es bleibt auch nachts noch hell. Die Luft ist zwar frisch, aber man kann auf die Jagd gehen. Und das ist wichtig, denn jetzt müssen die Vorräte für den Winter angelegt werden.

Die Männer in Qeqertat jagen vor allem den Narwal. Das ist ein Wal, der bis zu sechs Meter lang wird. Der männliche Narwal besitzt zwei Stoßzähne aus kostbarem Elfenbein im Oberkiefer. Einer davon ist spiralförmig und kann bis zu drei Meter lang werden. Der Narwal sieht daher wie ein See-Einhorn aus.

Überall liegen Seehundpärchen auf dem Eis, und bald werden sie Junge bekommen. Sie bewegen sich nur schwerfällig, können aber gut tauchen.

Im Sommer gründen auch die Eskimos am liebsten eine neue Familie. Kunuks Freunde Kagssaluk und Nutte haben dieses Jahr geheiratet. Zumindest für kurze Zeit können sie sich bei Tageslicht sehen.

Nur im Sommer geschehen in Qeqertat interessante Dinge. Manchmal taucht sogar ein neugieriger Weißer auf. Die Eskimos empfangen ihn mit ihrer gewohnten Gastfreundschaft, sind aber ein wenig mißtrauisch.

9

Der erste Kajak

Seit er zehn Jahre alt ist, wünscht Kunuk sich sehnlichst einen Kajak. Alle jungen Jäger besitzen ihr eigenes Boot.

„Es ist beinahe fertig", sagt sein Vater. „Wenn wir das nächstemal aufs Meer hinausfahren, kommst du mit."

Kunuk freut sich sehr auf seinen ersten Narwalfang. Ein Junge, der mit auf die Jagd gehen darf, wird von den anderen als Erwachsener betrachtet. Doch wie soll man ohne einen Kajak jagen? Ein Kajak gehört ebenso dazu wie eine Harpune.

Kunuks kleines Boot ist schmal und spitz. Sein Rahmen besteht aus dänischem Eschenholz, das mit Seehundfellen bespannt ist. Seine Mutter und seine Schwester Awa haben sie genäht.

Der Kajak ist ein wunderbares Geschenk für jeden Eskimojungen. Kunuk weiß aber, daß er damit gleichzeitig auch Verantwortung übernimmt.

„Jetzt mußt du ebenfalls zur Ernährung der Familie beitragen", sagt sein Großvater stolz und ein wenig feierlich zu ihm.

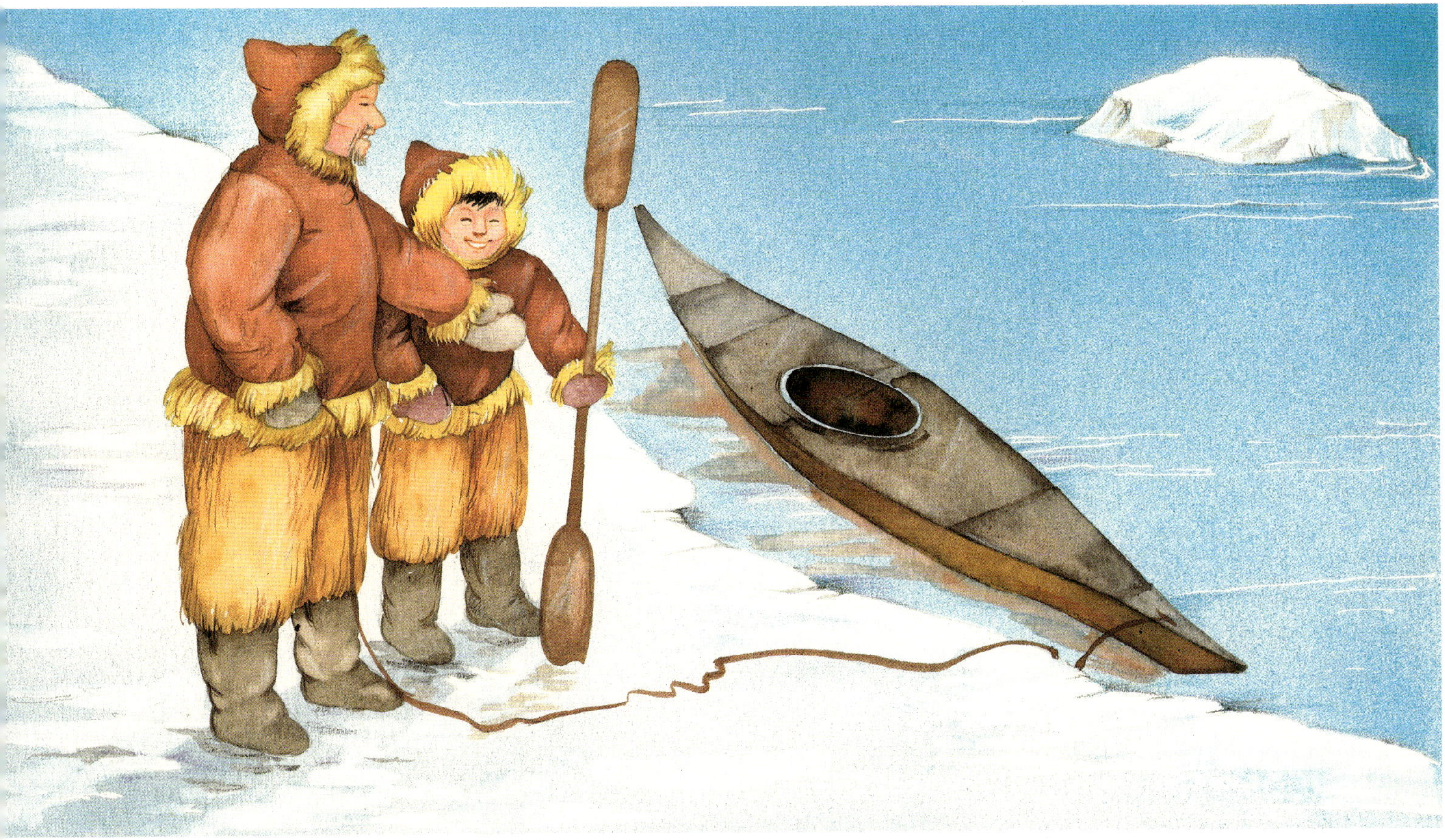

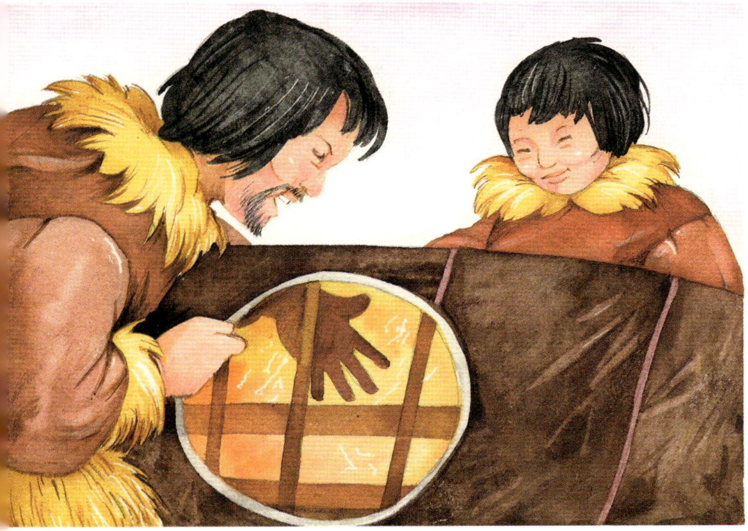

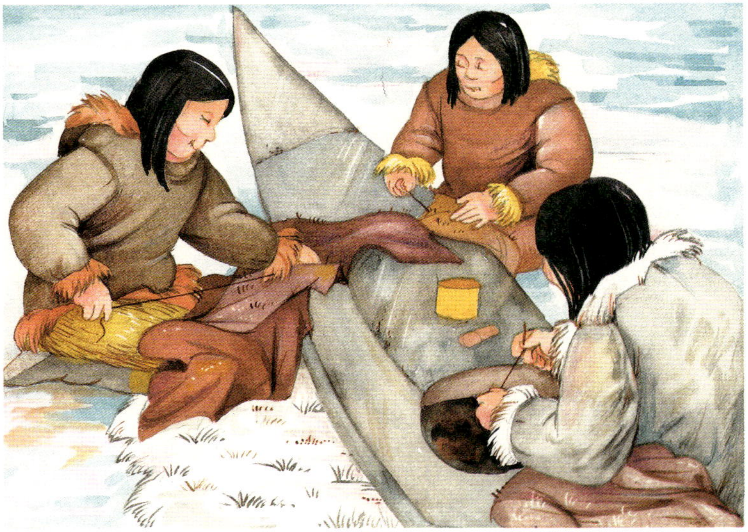

Warten, immer nur warten

Kunuk ist ungeduldig und nervös. Ihm scheint, der Sommer ist nie so spät gekommen wie in diesem Jahr. Endlich beendet sie Sonne mit ihrem Licht die monatelange Dunkelheit. Doch das dikke, feste Eis bricht nicht sofort. Erst ein paar Tage später beginnt es aufzureißen. Noch schwimmen überall kleine und große Eisschollen. Hier und da erkennt man winzige schwarze Flecke: das sind die Seehunde. Auch Narwale gibt es in den ruhigen Gewässern der Fjords.

Kunuk läuft jeden Tag zum Ufer hinunter. Er streichelt seine Harpune und säubert seinen Kajak ein über das andere Mal. Der Befehl, mit den anderen Jägern hinaus aufs Meer zu fahren, kann jeden Augenblick kommen.

„Endlich erfüllt sich für dich der sehnlichste Wunsch eines jeden Inuit", sagt sein Großvater. „Du gehst auf Jagd und mußt dich dem Narwal, den Wellen und deiner eigenen Angst stellen. Erweise dich deiner Vorfahren würdig."

Der erste Tag auf Jagd

Kunuk geht mit seinem Vater zum Ufer. Heute ist ein anderer Jagdtag als sonst: es wird gefährlicher. Auf dem Wasser kann eine einzige falsche Bewegung dem Mann das Leben kosten.

Bisher kennt Kunuk nur die Jagd zu Lande. Er ist Rentieren und Moschusochsen gefolgt, die weiter nördlich auf den Polarweiden leben, wo es Kräuter, Moose und Flechten gibt. Da er an die Stille gewöhnt ist, kann er stundenlang auf den Fuchs warten und flach wie ein Haufen Felle auf dem Boden liegen. Manchmal ist er dabei schon halb erfroren. Einmal hat er sogar einen Polarbären gesehen, das stärkste Tier im ewigen Eis. Die Geschichten seines Großvaters sind voll von den Heldentaten des Polarbären.

Aber das ist gar nichts im Vergleich zu dem herrlichen Gefühl, wenn man sich auf dem Wasser fortbewegt, wie Kunuk es jetzt tut.

Die Seehunde und die Narwale sind schon ganz nahe. Obwohl sie sich verstecken, hat Kunuk sie längst entdeckt. Der Kajak durchschneidet das Wasser wie ein Messer. Die Rufe der Eskimos am Strand begleiten den Aufbruch der Jäger. Noch immer hallen sie herüber. Die Jäger gleiten lautlos dahin. Sie haben weiter draußen eine Beute ausgemacht.

15

Petri Heil

Mit raschen, lautlosen Ruderschlägen haben die Kajaks die Mündung des Fjords erreicht. Jetzt können sie den Fluchtweg des Narwals abschneiden. Langsam nähern sie sich von beiden Seiten dem Tier. Kunuks Vater sieht seinen Sohn an und macht ihm mit den Blicken Mut. Gerade als der Junge seine Harpune zu dem Narwal hinüberschleudern will, bohrt sich schon eine andere in den Rücken des Tieres. Jonasee ist schneller und entschlossener gewesen. Der Narwal taucht sofort. Ein riesiges Geschrei ertönt, als die Jäger erkennen, daß das Tier verwundet ist.

Alle Kajaks schließen zu Jonasee auf, und die Männer binden sie mit einem langen Seil zu einer Kette zusammen. Gemeinsam ziehen sie den erschöpften Wal zum Ufer. Dort wird er geschlachtet. Bei Ebbe, wenn das Wasser niedrig ist, zerlegen die Jäger das Tier und teilen das Fleisch und das Fett untereinander auf. Das Fleisch wird in den Eislöchern für den Winter aufbewahrt. Auch den Erlös aus den Stoßzähnen werden sie sich später teilen, um Petroleum, Lampen, warme Kleidung, eben alles, was sie nicht selbst herstellen können, dafür zu kaufen.

Kunuk fühlt sich, als sei er die Hauptperson einer wahren Heldentat gewesen.

17

Nanok, der Bär

Die Eskimos nennen den Polarbär Nanok. Er ist der unbestreitbare König des Eises. Jeder hat großen Respekt vor ihm, die Tiere ebenso wie die Menschen.

Nanok ist ein großer Jäger, der beste von allen. Er geht sowohl zu Lande als auch zu Wasser auf Nahrungssuche. Er kämpft fair und setzt dabei seine Intelligenz und seine Kraft ein.

Außerdem ist er sehr tapfer. Auf der Suche nach Nahrung kann er bis zu hundert Kilometer zurücklegen. Kunuks Großvater und die Dorfältesten nennen ihn den „großen Wanderer".

„Nanok besitzt nur einen ebenbürtigen Gegner – den Menschen. Eines Tages möchte ich mit einem kämpfen..." sagt Kunuk zu seinem Freund Jonasee.

„Damit mußt du warten, bis du ein gutes Gewehr besitzt", antwortet der Freund. Er hat den Nanok schon einmal aus der Nähe mit anderen Tieren kämpfen sehen.

Nanok ist allgegenwärtig im Leben der Eskimos. Er ist das Sinnbild für große Kraft und gleichzeitig der Wächter des Pols. Selbst seine größten Gegner zollen ihm Respekt.

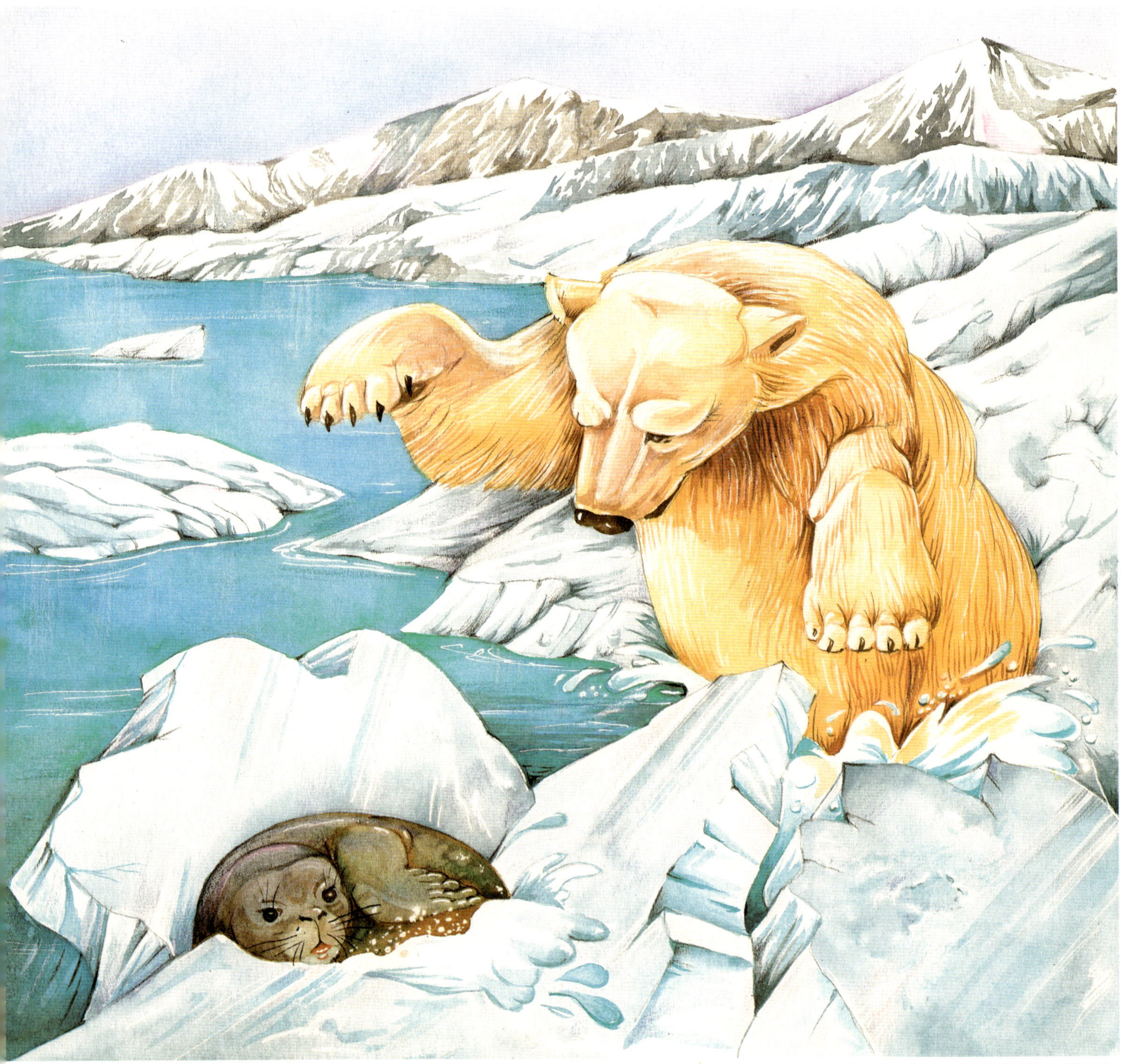

Die Waljagd zu Großvaters Zeiten

Kunuk und seine Schwester Awa kennen die Geschichte, wie der Großvater zum erstenmal auf Waljagd ging, beinahe auswendig.

„Es war an einem Frühlingsmorgen", beginnt der alte Mann jedesmal. „Ich war damals zwölf Jahre alt, und die Hunde zogen uns bis zum Rand des eiskalten Wassers.

Wir stießen die leichten Kajaks und die Umiaks, unsere größeren Boote, mit der schweren Ladung hinein. Zwischen den treibenden Eisbergen entdeckten wir einen Wal. Lautlos näherten wir uns ihm. Ich zitterte vor Angst, und ich schäme mich nicht, es zuzugeben. Doch mein Vater und die anderen Männer zögerten keinen Augenblick. Sie schrien wie ein Mann auf, und der Anführer schleuderte seine Harpune in den Rücken des Tieres.

Das Eisen grub sich tief in das Fleisch, und der Wal wandt sich vor Schmerz. Er begann sofort zu tauchen. Die Wellen, die er dabei schlug, hoben unser Boot weit aus dem Wasser. Wir ließen die Leine ab, und die Kajaks wurden zu einer langen Reihe zusammengebunden.

Der Wal zog uns weit hinaus auf das Meer. Erst gegen Abend wurde er schwächer, und wir konnten ihn zum Ufer bringen. Dort wurde er geschlachtet, in Stücke geschnitten und sein Fleisch verteilt. Anschließend sangen, tanzten und tranken wir... Ganz Qeqertat feierte ein großes Fest."

Wenn der Großvater geendet hat, sehen Kunuk und Awa ihn immer sehnsüchtig an. Sie haben noch keinen einzigen Walfang miterlebt.

21

Kleine Kunstwerke aus Elfenbein

Den Winter vertreiben sich die Eskimos vor allem mit Geschichtenerzählen und Zuhören. Das ist in den alten Dörfern schon immer so gewesen. Was sollen sie an den endlosen dunklen Tagen auch sonst tun?

Während sie sich über alltägliche Dinge unterhalten oder herrliche Geschichten erfinden, bleiben ihre Hände nicht untätig. Die Eskimos fertigen Haushaltsgeräte oder wunderschöne Kunstwerke an. Kunuks Vater ist ein unermüdlicher Jäger. Aber er ist auch ein großer Künstler der wunderbaren Elfenbeinschmuck herstellen kann. Er schnitzt zum Beispiel Ohrringe, kleine Figuren und Löffel.

Awa legt nicht einmal zum Schlafen das Armband ab, das ihr der Vater geschnitzt und zum elften Geburtstag geschenkt hat.

Der Vater hat auch den Kajak gebaut, mit dem Kunuk zum erstenmal auf Narwaljagd gegangen ist. Dieses Geschenk machen fast alle Väter ihrem Sohn, wenn der groß genug ist.

Kunuks und Awas Vater arbeitet nicht nur, um sich während des langen Winters die Langeweile zu vertreiben. Er muß auch einen neuen größeren Schlitten bauen, der von vielen Hunden gezogen werden soll. Damit kann er tiefer ins Land hinein fahren, wo es noch Wild zum Jagen gibt.

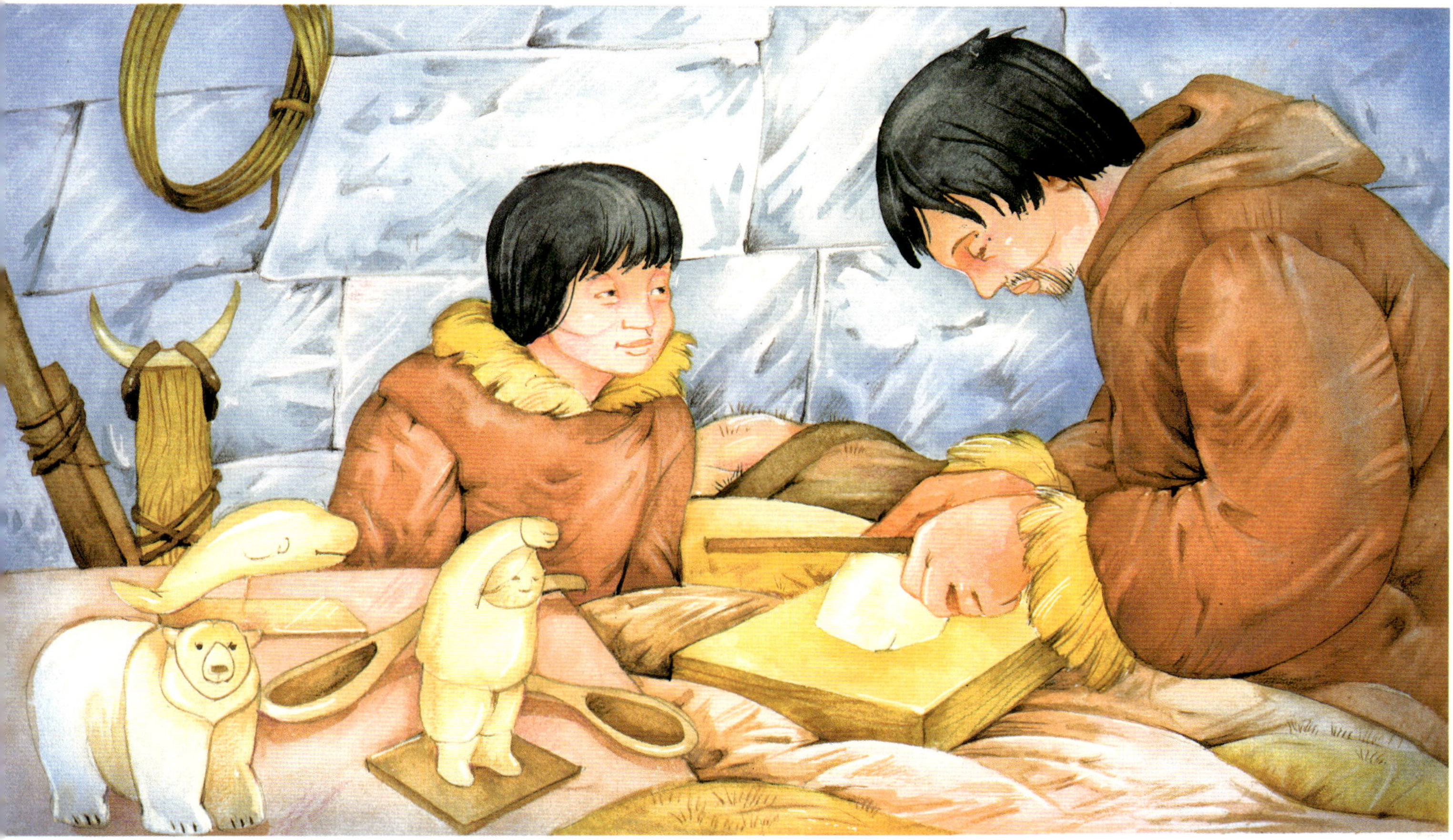

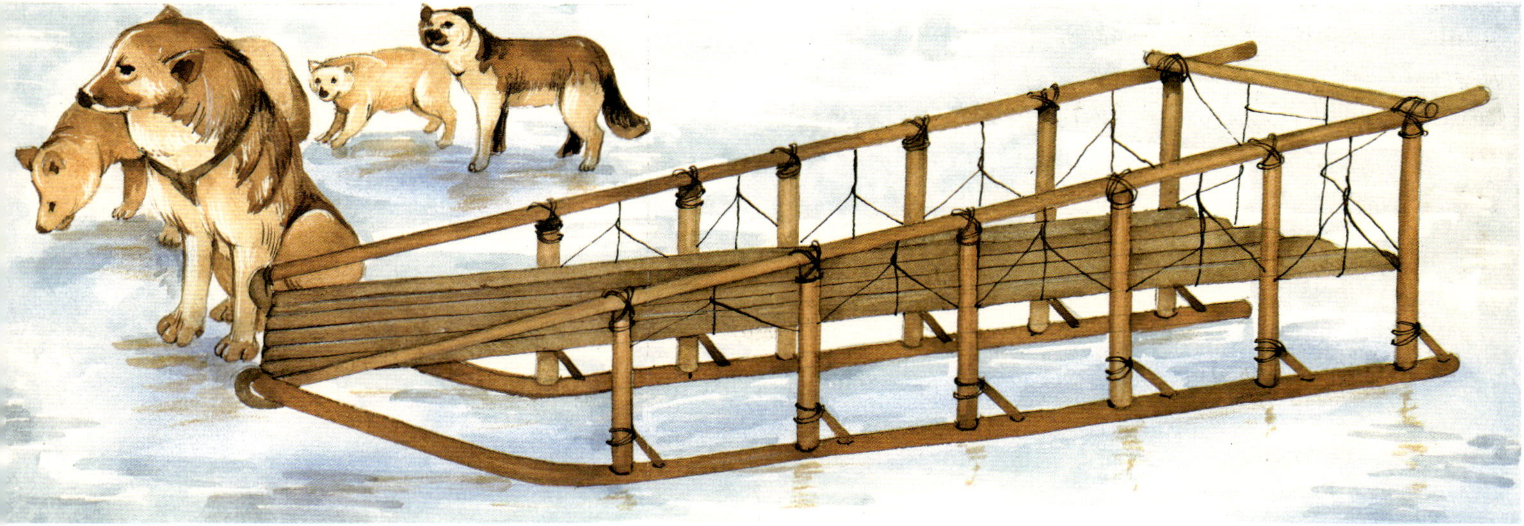

Der beste Freund der Eskimos

Der Großvater sagt immer dasselbe, wenn Kunuk sich etwas wünscht. „Weshalb möchtest du ein Auto oder sonst etwas haben, was die Weißen besitzen? Wozu brauchst du es? Die Sachen sind für uns nutzlos. Das beste für dich sind viele Hunde, denn die lassen dich nie im Stich."

Das ist richtig. Als Transportmittel benutzen die Eskimos meistens einen Schlitten, den sie *kamutit* nennen. Sie schnallen ihre Hunde davor, die in einer langen Reihe laufen, und schon fliegen sie über den Schnee dahin.

Die Hunde sind sehr widerstandsfähig, ausdauernd und treu. Mit ihrem dichten weißen Fell und ihrem aufmerksamen Blick sind sie die besten Verbündeten der Eskimos. Sie ziehen den Menschen nicht nur an jeden gewünschten Ort, sie beschützen ihn auch vor den Wölfen. Der mutigste und widerstandsfähigste Hund eines Rudels ist der Anführer. Die anderen ordnen sich seinen Wünschen unter. Will sich ein anderer Hund plötzlich zum Anführer machen, entscheidet ein Kampf um Leben und Tod darüber, wer der stärkste ist.

Die Hunde können außerordentlich weite Entfernungen überwinden. Nach dem Fressen rollen sie sich einfach zusammen und schlafen auf dem Eis. Ihr Fell ist so dicht, daß sie auch niedrige Temperaturen ertragen.

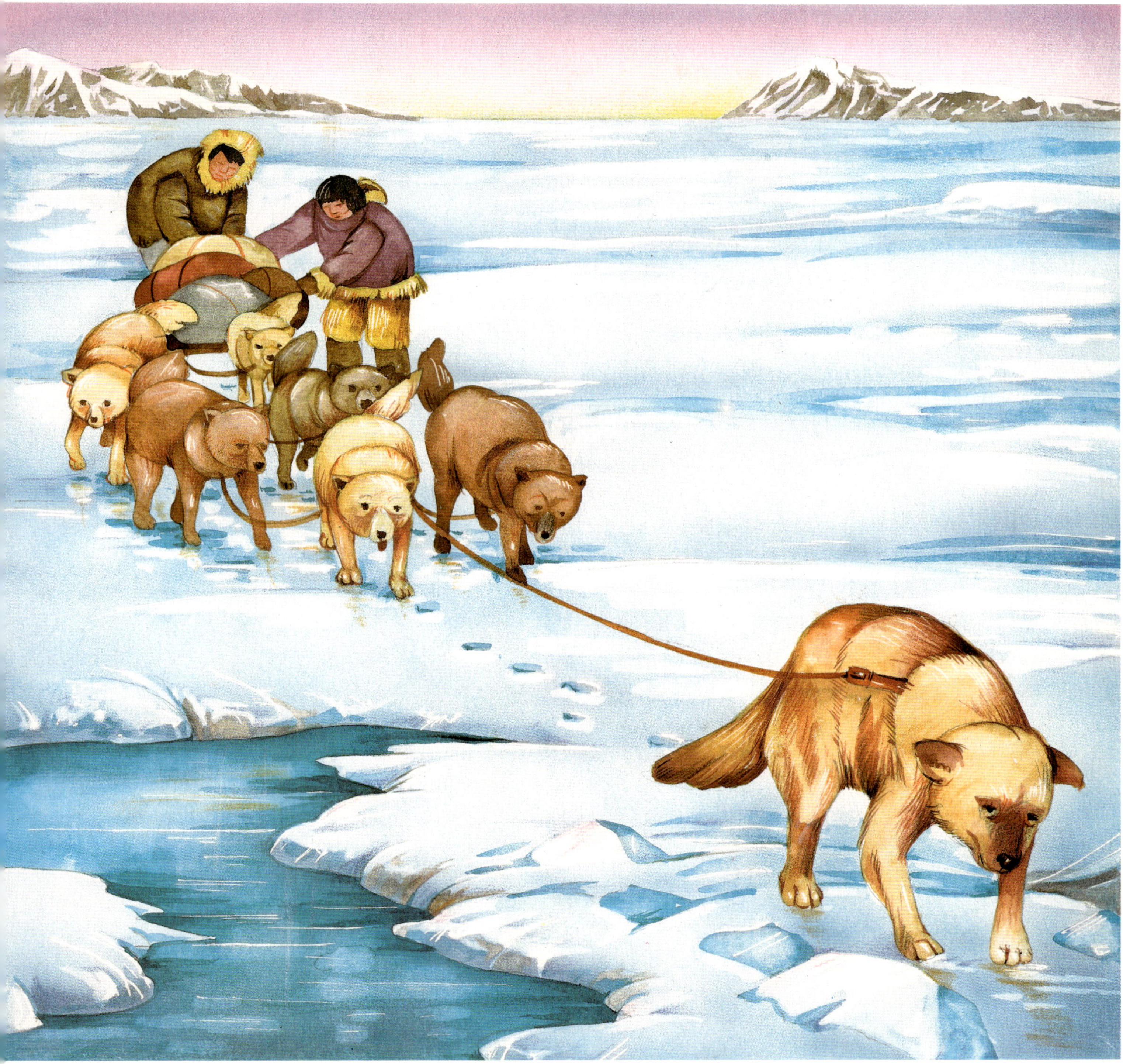

Der Iglu

Kunuks Familie lebt in einem Iglu. Der Iglu ist das Heim der Eskimos, und sie lieben es sehr. Beinahe den ganzen Winter verbringen sie darin, denn sie gehen nur selten aus. Höchstens machen sie einen Gang in die nächste Umgebung, um nachzusehen, ob es irgend etwas zu jagen gibt. Aber auch das nur, wenn es hell genug ist.

Kunuks Iglu ist aus Eisblocken gebaut, die der Wind getrocknet hat. Er ist rund, und seine einzige Tür besteht aus einer Öffnung in der Eiswand.

Ganz gleich, wie heftig der Schneesturm draußen tobt, innen herrscht immer dieselbe Temperatur. Die Felle und Häute, die die Wände bedecken, halten den Raum warm. Je schwieriger das Leben draußen wird, desto angenehmer ist es im Haus, auch wenn die Eskimos keinen Luxus besitzen.

Lampen mit Seehundtalg sorgen für die nötige Beleuchtung. Der Vater schnitzt das Elfenbein, und die Mutter kaut Fuchs- und Seehundfelle, um das Leder geschmeidiger zu machen. Damit will sie später warme Kleidung für die ganze Familie nähen.

Unterdessen bittet Awa den Großvater, ihr eine Geschichte oder eine alte Legende zu erzählen. Alles ist willkommen, während sie auf den Sommer und die neue Jagd warten. Ohne diese Jagd wäre es im Sommer längst nicht so interessant in Qeqertat.

27

Große und kleine Geister

Die Eskimos fühlen sich manchmal einsam und schutzlos. Ohne ihren Glauben an den Großen Geist könnten sie kaum in der Arktis überleben.

Der Große Geist sorgt für genügend Wild zum Jagen, er schützt die Menschen vor Krankheiten und Wölfen und leitet sie sicher heim, wenn sie sich mitten in einem Schneesturm verirrt haben.

Der Großvater erzählt Awa, wie dankbar er *tornassuq* – so heißt der Große Geist – ist, weil der ihn eines Tages vor den Wölfen gerettet hat.

Der Großvater glaubt auch an die Alte Frau der See. Wenn die Alte Frau erzürnt ist, gibt es Sturm, und die Seehunde und Narwale verbergen sich. Dann wird die Nahrung der Eskimos knapp, und sie müssen hungern.

Neben diesen beiden großen Geistern gibt es noch einige nicht ganz so mächtige: die tupilaks. Sie stecken überall.

Der Großvater nimmt Awas Hand und erzählt:

„In jedem Finger, in jedem Teil deines Körpers befindet sich ein kleiner Geist. Manchmal geht dieser Geist für eine Weile fort, und wir werden krank. Dann müssen wir schleunigst die Schutzgeister anrufen, damit sie uns den kleinen Ausreißer wiederfinden helfen und wir bald wieder gesund werden."

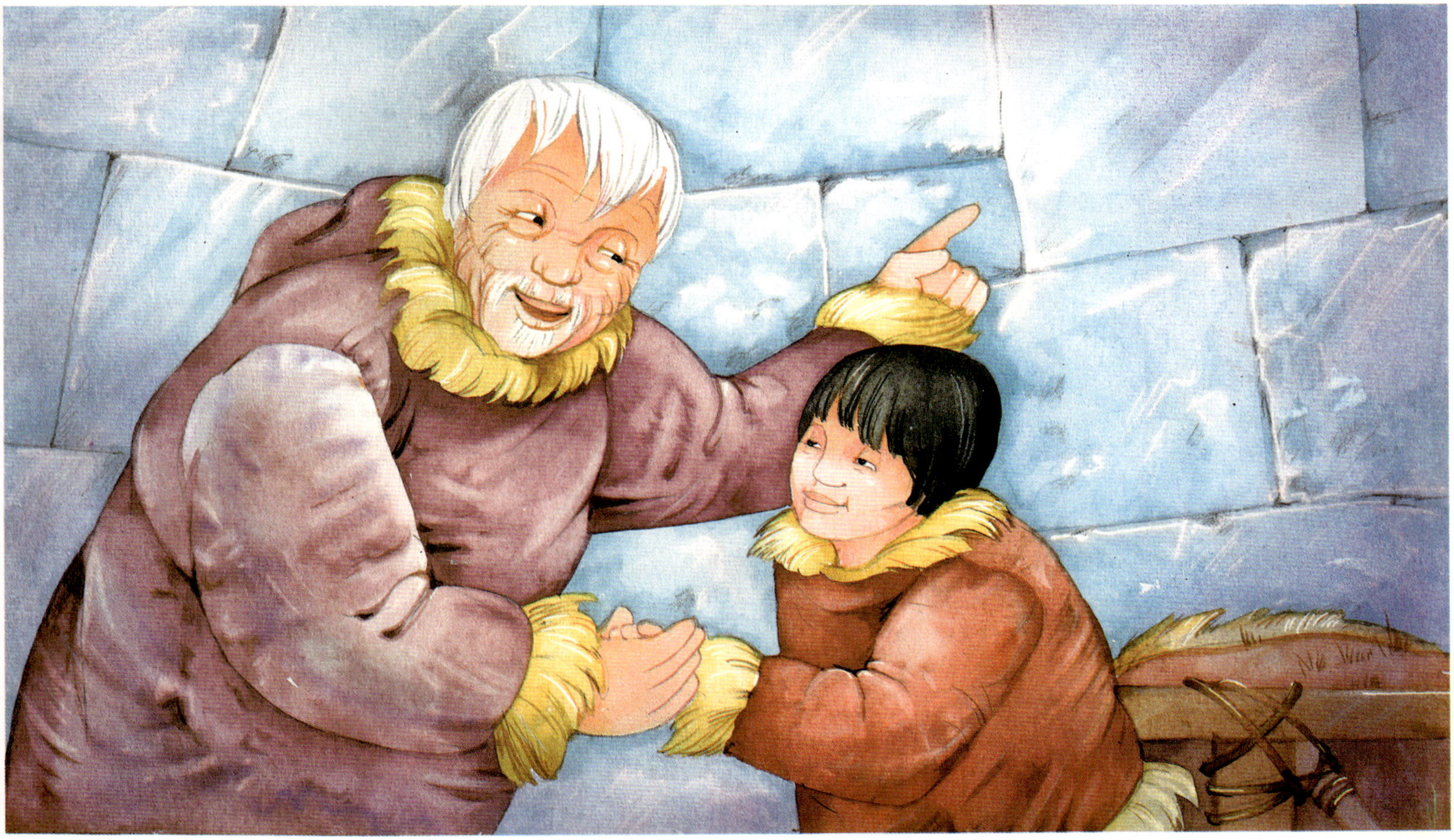

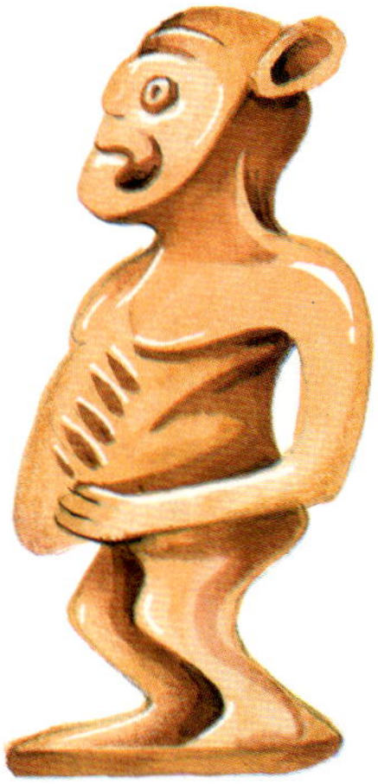

Der weiße Mann

Die Arktis war jahrhundertelang einzig und allein das Land der Inuit. Sie lebten dort ebenso frei wie die Eisbären und jagten nur, wenn sie Nahrung benötigten.

„Die ersten weißen Fischer, die den Walen bis hierher folgten, wagten nicht zu bleiben", erzählt der Großvater. „Die Einsamkeit und die langen Winter ängstigten sie noch mehr als die Bären."

Doch dann rückten die Weißen immer näher, und sie kamen immer häufiger. Die Eskimos merkten bald, daß sie anders waren als sie — nicht nur äußerlich. Sie hatten andere Sitten, sprachen eine andere Sprache und glaubten an andere Götter. Schon bald wurden sie zu Gegnern, denn sie gingen ebenfalls auf die Jagd. Nur ging es ihnen nicht um die tägliche Nahrung, sondern sie wollten die Felle der Tiere verkaufen.

„Die Weißen sind gefährlich, denn sie sind bei der Jagd unersättlich", sagten die Eskimos.

Für die Inuit wurde es nun immer schwieriger, gute Jagdbeute zu machen, denn die Weißen töteten alle Tiere. Anschließend begannen sie, das Eis zu durchbohren. Die Eskimos hatte zunächst nichts dagegen, denn sie hatten niemals nach Bodenschätzen oder noch viel weniger nach Öl oder Erdgas gesucht.

Doch plötzlich gehörte den Weißen der gesamte Boden unter dem Eis.

„Uns lassen sie nur das Eis und die Seehunde, den Alkohol und ihre Krankheiten", grollte der alte Mann. „Bevor die Weißen kamen, hat man niemals einen betrunkenen Eskimo gesehen."

„Andererseits haben viele von uns gute Gewehre zum Jagen und Motoren für ihre Umiaks von ihnen gekauft", antwortet Kunuk, der gar nicht so gegen die Technik ist.

31

Bleib ein Eskimo, Kunuk

Tatsache ist, daß die Eskimos mit dem Geld der Weißen Schulen, Elektrizität, Telefon und Fernsehen eingerichtet haben, geben dafür immer mehr ihre Sitten und Gebräuche auf.

Kunuk geht immer noch mit seinem Vater auf die Jagd. Tief im Innern fühlt er sich mit den Sitten und Gebräuchen der Inuit verbunden.

Aber manchmal kommen ihm Zweifel. Vor allem, wenn einer seiner Freunde Arbeit bei den Weißen auf den Bohrtürmen oder auf einem ihrer Schiffe annimmt, die größer sind als tausend Umiaks. Der letzte war Jonasee. Er hat bei einer Kabeljauflotte angeheuert, weil er die Kälte und das Harpunenwerfen leid war.

„Das Leben der Weißen ist gar nicht so übel", hat er zu Kunuk gesagt. „Viele finden es sogar besser als unseres."

Obwohl Kunuk längst einen Motorschlitten besitzt, nimmt er jetzt die Peitsche und treibt seine Hunde an.

Wohin will er? Mit dem Hundeschlitten kommt er nicht schnell voran, aber er ist glücklich, mit Schnee und Eis zu leben, wie einst seine Vorfahren.

Kunuk fühlt noch wie ein richtiger Eskimo und darauf ist er sehr stolz.

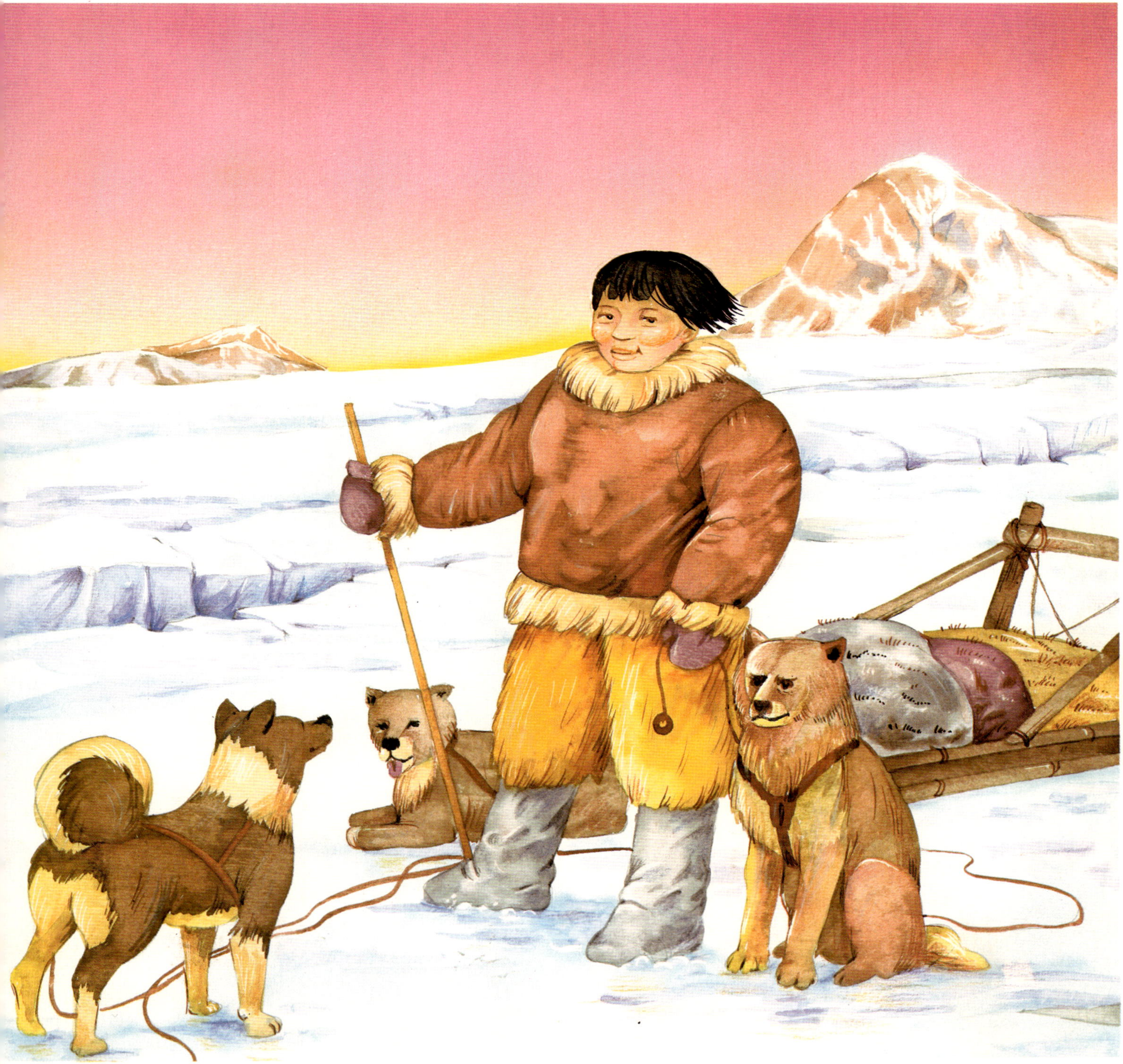

ESKIMOS

INDIANER